PNL 2.0

PNL 2.0:

La mejor guía para Programación neurolingüística

Cómo reconfigurar su cerebro y crear la vida que desea y convertirse en la persona que debía ser

Kyle Faber

Copyright © 2017 por Kyle Faber

Todos los derechos reservados. Ninguna parte de esta publicación puede reproducirse, distribuirse o transmitirse de ninguna forma ni por ningún medio, incluidos fotocopias, grabaciones u otros métodos electrónicos o mecánicos, sin la autorización previa por escrito del editor, excepto en el caso de citas breves incorporadas. en revisiones críticas y ciertos otros usos no comerciales permitidos por la ley de derechos de autor.

CAC Publishing

ISBN: 978-1-948489-58-4 (pasta blanda)

ISBN: 978-1-948489-57-7 (Libro electronico)

Kyle Faber

Este libro está dedicado a aquellos que desean romper a través del techo de cristal que inadvertidamente has puesto sobre tu cabeza. Para aquellos que quieren liberarse de los confines en los que inconscientemente se han encerrado. Puede lograr cosas que nunca creía posibles al aprender a reconectar su cerebro. Este libro está dedicado a aquellos que desean aprender los confines internos de su cerebro y catapultarse a los éxitos que una vez pensaron que eran imposibles.

Contenido

Prefacio 12

Introducción 19

    Palabras y Sonidos 21

Ejercicio introductorio: cambiar el contenido de las memorias 30

    Ejercicio 0a 31

    Ejercicio 0b 31

    Ejercicio 0c 32

Capítulo 1 Desarrollos en Neurociencia 34

    El cerebro orgánico 38

    Factores 39

    Una filosofía algo más profunda 40

Ejercicio del Capítulo uno – Reencuadre 42

    Ejercicio 1 43

    Neurogénesis 47

    Neuroapoptosis 50

    PNL y Neuroplasticidad 51

    Lo que nos llevamos 54

Ejercicio del Capítulo Dos - Renacimiento de siete días . 56

    Ejercicio 2 56

Capítulo 3 Poder Mental 58

    La característica más poderosa del cerebro 60

Ejercicio del Capítulo Tres - Cambie lo que necesita cambiar 64

Ejercicio 3 65

Capítulo 4 Pasos hacia su nueva vida 66

Reflexión 67

PNL y Reflexión 68

Preguntando 70

Meditación 71

Ejercicio del Capítulo Cuatro - Asociación y Deseo 78

Ejercicio 4 78

El cerebro 81

La mente 82

Enfoque y observación 83

Ejercicio del Capítulo Cinco: uniéndolo todo 87

Ejercicio 5 88

Ejercicio 6 89

Ejercicio 7 90

Conclusión 92

Prefacio

A los 3 años, nuestras mentes son tales que absorbemos todo lo que se coloca en nuestro campo de observación, un campo que puede ser bastante amplio. Los objetos y conceptos ubicados dentro de ese campo se imprimen en nuestra mente con una calidad casi fotográfica.

Hay algunos que piensan que la mente está vacía, lo que facilita la absorción, a esa edad, pero eso ni siquiera está cerca de la verdad. Los niños de tres años pueden absorber todo casi perfectamente, no porque no haya nada allí, sino porque su interés los mantiene enfocados. Con 30 años de edad o incluso 60 años de edad, si pudiera obtener el mismo tipo de enfoque libre de distracciones, entonces podrá absorber al mismo ritmo, teóricamente.

En la práctica, no es solo estar libre de distracciones lo que hace la diferencia; también se trata de cómo somos alterados por nuestras experiencias y cómo somos todos diferentes de un momento a otro. Heráclito dijo que un hombre nunca entra dos veces en el mismo río, porque el río ha cambiado, y también lo ha hecho el hombre.

Cuando tenía 3 años, todos nos amontonamos en un carro, con destino a un picnic en una granja de tres ciudades de lejos. Me encantaron los viajes por carretera, incluso cuando era pequeño. En este particular viaje por carretera, estuvimos rodeados de granjas de varios kilómetros en todas direcciones. Lo único que cambió fue lo que las cercas estaban protegiendo. La mayoría de las granjas tenían cultivos, y algunas eran de ganado - vacas, campos con caballos y multitudes de ovejas. Nos topamos con una extensión de granjas que, juntas, debieron haber tenido, al parecer, un millón de cabezas. Fue mi primera experiencia, por lo que mi padre detuvo el automóvil para poder ver la vista y los sonidos de esta manada. Mi tío me llevó y nos quedamos junto a la acera mirando esta manada gigante. Le pregunté qué eran y él dijo: "Ovejas", fuera del alcance del oído de mi padre. Eran vacas.

Condujimos durante unos minutos más, y esta vez nos encontramos con otra granja que era diferente a todas las demás granjas de la zona. Era como un campo de nieve ya que todas las ovejas todavía estaban en abrigo completo. Esta vez cuando le pregunté a mi tío, él me dijo que eran vacas. Eran, por supuesto, ovejas. Él debe haber pensado que era gracioso. Yo no sabía. Pero se estancó. En mi cerebro de tres años, las vacas eran ovejas y las ovejas eran vacas. Mi padre descubrió esta comedia de "errores" más tarde ese día cuando él y yo tuvimos un debate sobre vacas y ovejas y no podía entender por qué seguía señalando a las vacas y gritando con orgullo las ovejas. No me gustó ni un poco cuando decía que estaba equivocado. Ya tengo más años, pero me agarro en un día libre, y necesitaría un momento de pausa para volver a confirmar mentalmente las vacas de las ovejas. Moraleja de la historia: tenga cuidado con lo que le diga a un niño de 3 años, se adhiere rápidamente.

Neuro-Linguistic Programming (NLP) is just a high-flying, technical-sounding name for how we associate things based on sensory input – especially sound, and specifically, the sounds we make when we utter words.

La Programación Neurolingüística (PNL) es solo un nombre que suena técnico y de alto vuelo para la forma en que asociamos las cosas en función de la información sensorial, especialmente del sonido y, específicamente, de los sonidos que emitimos cuando pronunciamos palabras. Para ser más específico, NLP es cómo asociamos cosas y eventos basados en un par, o más, de insumos sensoriales y cogitaciones

Déjeme descomprimir eso.

Adjuntamos palabras a significados, objetos y conceptos; y, por el contrario, adjuntar conceptos, objetos y fenómenos a las palabras. Cuando hacemos esto, nuestra mente consciente tiene un marco de referencia para aferrarse a las cosas. Piensa en un archivador. Ábralo y encontrará muchos archivos. Dentro de cada archivo, tiene las especificaciones completas de un objeto. Digamos que el objeto es un auto. Dentro del archivo, tiene todas las descripciones posibles de ese automóvil e imágenes. Ahora imagine que, si no hay un nombre en ese archivo, ¿cómo podría saber dónde se encuentra toda esa información? Por el contrario, tan pronto como coloca una pegatina en ese archivo que dice "Mi Carro" al instante, ahora tiene un objeto que puede definir, y el objeto de una palabra que resume ese objeto es el término "Mi Carro"

Cuando mi tío loco señaló a una vaca y dijo ovejas, rápidamente tomé una imagen mental de la vaca, la puse en una carpeta en el archivador de mi mente y la etiqueté como "Oveja". Llamamos a esa asociación y nuestra mente consciente trabaja con asociaciones.

Cada etiqueta que adjuntamos se adjunta a cosas que asociamos con sonidos. Tomé la imagen mental de una bestia de cuatro patas que tenía cuernos cortos, una cola, y demás; Lo puse en un archivo y lo etiqueté con un sonido. Ese sonido sonaba como "ohhh" "veee" "jah".

En el tiempo anterior al lenguaje, los primeros humanos usaban los sonidos más cercanos al objeto o la situación del objeto. Entonces, es razonable suponer que podrían haber llamado vacas "mooo" y ovejas "baaaah". ¿Se imagina cómo se habría producido eso cuando el primer hombre de las cavernas intentaba describir la vaca que acababa de pastar, a su vecino?

Asociación. Es el sonido que le damos al archivo que contiene la información del objeto. Entonces, el objeto es lo que se está observando. El fruto de esa observación (los datos, las especificaciones, las descripciones) se coloca en ese archivo y se asocia con el sonido: el nombre del archivo. Es por eso que a veces puede decir una palabra y desencadenar un pensamiento sobre otra cosa con la que la asocias. Por ejemplo, cuando escucho la palabra "Titanic", la asocio con tragedia, iceberg, ahogamiento, etc.

La persona que hace esa observación, dicho sea de paso, se llama sujeto. Entonces, para ponerlo todo junto, podemos pensar en el proceso así:

La información de un objeto, derivada de la observación del sujeto, se coloca en un archivo y ese archivo se asocia con un sonido. En 3, asocié el sonido de "ohhhhhhveeeeeejah" con una vaca.

En esencia, de eso se trata PNL.

En su búsqueda de una risa rápida, mi tío programó mis neuronas con el lenguaje que representaba a las vacas como ovejas, y se mantuvo así durante mucho tiempo.

Introducción

La vida es tan simple como lo hacemos porque tenemos el poder de elegir cómo interpretamos todas las cosas que experimentamos. Ese es un poder asombroso y se nos ofrece a todos nosotros. Lo que creemos, cómo asociamos diferentes cosas y cómo les damos sentido crea nuestro conjunto de estímulos.

Tomemos, por ejemplo, las sutilezas de la comida occidental y oriental. En algunas culturas, eructar después de una comida se considera cortés; de hecho, se considera grosero si no lo hace. Si bien en algunas culturas, es francamente desagradable y grosero. Entonces, ¿Cual cultura es la correcta?

El sonido del eructo está asociado con todo lo que es bueno en una cultura, mientras que está asociado con todo lo que es malo en la otra cultura. El eructo en sí es solo una función corporal; es inocuo, ni bueno ni malo.

Es lo que hacemos. Eso es poder, ¿no? Antes de comenzar con el próximo capítulo, les mostraré algunos ejercicios que son bastante divertidos pero muy efectivos para poder cambiar la forma en que reaccionan a las cosas.

Cuando estaba en la universidad, tomé una clase de Oratoria en mi primer año. Es una de las clases más memorables en todos mis años universitarios. Tuve un instructor más grande que la vida que fue capaz de llevar a casa los puntos más sutiles y desinflar las situaciones más incómodas al alterar su percepción de la situación.

Cuando llegó la graduación, realmente tenía que dar un discurso frente a toda la clase de graduados, era difícil imaginar a la multitud. La audiencia ya no era solo compañeros de clase, como lo había sido en la clase de oratoria, ahora era la escuela entera y los dignatarios del gobierno y los líderes empresariales, uno de los cuales iba a ser el jefe de mi jefe en mi nuevo trabajo. Decir que estaba en pánico sería, por decirlo suavemente.

Consulté con mi antiguo instructor de oratoria y me dio el consejo más simple. Me dijo que fuera a parar e imaginar a todas esas personas sentadas en el inodoro. Tengo una imaginación vívida. Así que cuando me lo imaginé de esa manera en la mañana de la graduación, en lugar de volverme fría y temblorosa, me estaba conteniendo de romperme las tripas riéndome. Pronuncié el discurso con mucho estilo y usé ese truco muchas veces después de eso. He soltado esa muleta ahora, ya que solo veo a las personas como son y no es algo que deba temer, pero fue un gran consejo y una cosa que él me enseño cinco minutos antes de la graduación fue la lección más útil de todo mi vida hasta ese punto.

Podemos elegir hacer de esta existencia un complejo conjunto de errores y consecuencias basadas en la percepción, o podemos ajustar nuestra vida tomando el control del aspecto más importante de todo lo que se cruza en nuestro camino. Cómo lo tomamos es más importante de lo que es. No reinvente la rueda tratando de buscar la verdad más elevada en todo, solo tómela como lo necesita para que pueda sacar lo mejor de ella.

Si está en una entrevista con un inconformista de Wall Street, puede tenerle miedo o imaginarse que es un ratón. Cómo lo vea a él determina cómo se comportará, y solo al hacerlo cambia los papeles. Lo respetaría más si pudiera ser valiente que si se encoge de miedo. ¿Verdad?

Así es como usa NLP y ese es el primer ejercicio que implementaremos al final de este capítulo.

Palabras y Sonidos

Somos impulsados por los sonidos, ¿verdad? Cuando escucha la letra de su canción favorita, ¿qué le impulsa más, la melodía o la letra? Ambos, creo; porque las letras también son sonidos, excepto que están más organizados y extraen diferentes archivos en su sistema de archivo. Cuando escucha el estruendo de un orador motivacional talentoso; o cuando se identifica con las palabras de un pedido de ayuda, las palabras están en el corazón de estos mensajes. Las palabras son portadoras de una respuesta emocional a estas situaciones, y eso nos da una idea del vínculo entre las palabras, la mente, el cuerpo, el alma y el logro

¿Cómo es eso?

Asignamos nociones complejas bajo la definición explícita e implícita de palabras. Aquí hay un ejemplo. Piense en la palabra "papá" o "padre". Por lo general, significa un padre paterno - padre. Por sí solo, es un sustantivo con un significado específico, pero para usted, eso significa algo especial, como lo es para mí. Pero ambos nuestros apegos a la palabra son totalmente diferentes porque a través de los años esa palabra ha recibido un significado del hombre que ahora representa esa palabra.

Si comparas los modos de pensar con un programa de computadora, sería una similitud bastante llamativa en muchos de los componentes que los componen. El primero es que la mayoría de los programas están diseñados para interactuar y lo hacen buscando aportes. Compare eso con la forma en que un ser humano interactúa con su entorno, también un baile interactivo entre la persona y el entorno. Imagine, es un día cálido. Cuando llega a cierto punto, la persona se siente tibia, lo cual es una molestia, y cuando se alcanza un cierto nivel, esa molestia desencadena una respuesta; por ejemplo, la determinación es que es cálida y que hay que hacer algo al respecto. Eso, entonces se dispara el impulso de levantarse y encender el ventilador. Si pasa un cierto nivel, entonces hay otro disparador que crea el impulso de encender el aire acondicionado o tomar una ducha fría.

El punto es que hay tres componentes en una acción de computadora y hay tres componentes en una acción humana: entrada, procesamiento y salida.

Estos componentes están unidos por el programa, que se encuentra más notablemente en la parte de procesamiento de la secuencia. Existen numerosos programas que hacen muchas cosas y estos programas se pueden anidar o combinar de muchas maneras para crear acciones complejas.

La mente humana, el cuerpo y la secuencia de logros no son diferentes. Entre la sensación de calor y la acción de encender el ventilador, hay un proceso que toma la información de nuestros sensores, la procesa y luego decide qué hacer con esa información procesada. Todo el tiempo esto sucede debajo de nuestro pensamiento consciente.

Cuando llega a nuestro nivel consciente, se ha realizado el trabajo pesado y todos (la parte consciente de nosotros mismos) solo tenemos que levantarnos y completar el acto físico.

Hay una similitud más en la analogía de los programas de computadora, y ese es el uso de un lenguaje de programación. En los programas típicos, se utilizan diferentes idiomas, y los ha encontrado, que le dicen a la computadora qué hacer. Nosotros los humanos también lo tenemos, y es poderoso. Como la invocación de la palabra "papá". Cuando se utilizan estas palabras, forman el lenguaje de programación que las computadoras usan en sus algoritmos.

Este es el estudio de PNL - Programación Neuro Lingüística. Es el uso de palabras comunes en una secuencia para alcanzar y cambiar el lenguaje de programación de nuestra naturaleza hacia acciones que tienen beneficios que nos llevan en el camino hacia el éxito monumental y colosal.

Esta es una perspectiva para principiantes, pero es bastante expansiva y extensa, así que abróchate el cinturón. Las palabras son todo en este día y edad. Usamos palabras y sonidos para transmitir cosas y acciones específicas y podemos usar esas mismas palabras para estimular la energía que nos impulsa. El problema es que algunas palabras pueden impulsarnos en la dirección opuesta a la dirección que pretendemos o estamos dispuestos a atravesar. Cubriremos eso aquí también.

El primer paso para entender PNL es comprender que todos tenemos antecedentes diversos y que los antecedentes han tenido un impacto significativo en nuestro lenguaje de programación. En NLP, facultamos a nuestra mente consciente para editar y alterar esa programación de modo que nuestros hábitos, respuestas y reacciones sean conducidos por un conjunto de algoritmos de instrucción que están orientados a extraer éxito de cada situación, desafío y oportunidad.

El núcleo de NLP es la comprensión de la mecánica del comportamiento. Se basa en el estudio de las ciencias del comportamiento. La ciencia del comportamiento se ocupa de la forma en que la mente humana absorbe los datos de entrada y los procesa hacia un resultado.

Todas nuestras acciones están guiadas por nuestro comportamiento. Desde el niño impetuoso que llora en el piso de la juguetería hasta el cleptómano bajo custodia por robar, hasta el estudiante exitoso y trabajador, y el estadista consumado, todos somos títeres de este algoritmo que funciona más allá de los tentáculos sensoriales de nuestra mente consciente.

Si bien ser un títere no necesariamente suena atractivo para muchos, tiene sus beneficios y sus usos.

Al relegar una serie de tareas a la mente subconsciente y, de este modo, realizarla en piloto automático, deja una gran parte de nuestro poder de procesamiento consciente para manejar una serie de otras tareas.

La mayoría de las personas no tienen la fe necesaria para dejar que su subconsciente tome el control de una gran parte de lo que hacen y eso se debe a que muchos sufren de instintos defectuosos y respuestas instintivas que han fallado en el pasado. Eso es exactamente lo que NLP abordará y realineará.

Cuando se sienta a tomar la decisión de moverse o abstenerse de algo, hay una poderosa corriente debajo de su yo interno que toma decisiones que determina el resultado de esa decisión. A veces esa corriente subyacente es tan fuerte que incluso si usa la fuerza bruta para superarla, le saboteará en el camino, lo que provocará un error. La única forma de superarlo sería involucrar a las estrategias de PNL. La PNL puede alcanzar los procesos que ocurren en el ámbito subconsciente de su mente y desbloquear puertas, derribar muros, eliminar barreras y mover montañas cuando tocas el tono correcto.

En el corazón de la PNL está el núcleo del aparente silencio al que debe acceder. Le mostraremos cómo se logra esto y el lenguaje que puede usar y adaptar a su circunstancia particular.

Sobre la base de eso, exploramos la mente consciente y cómo lleva a cabo sus tareas. También observamos la mente subconsciente o preconsciente y vemos qué se necesita para lograrlo. También miramos las áreas de nuestra vida que el subconsciente maneja. Entonces, finalmente, tenemos el enigma de la conciencia, algo que mucha gente confunde para significar una variación del término consciente. No es. Es mucho más profundo y es lo que nos hace humanos. Es más que conocimiento y más que sensibilidad, es una sombra de la divinidad y una proyección del conocimiento. Veremos esto brevemente desde una perspectiva teórica y funcional.

El algoritmo subyacente que controla la propensión subconsciente a actuar de una manera u otra es una parte crítica de todo el éxito de la PNL. Existe una estructura distintiva que se aplica a cada individuo, y luego hay una lista de prioridades individuales que debemos determinar. Veremos los elementos del algoritmo y las estrategias de cómo cambiar lo que se necesita.

El elemento clave de la PNL es algo inesperado y es el valor del silencio. Este silencio no se trata de inacción, o indecisión, sino que es un lenguaje propio. Este lenguaje de silencio se usa ampliamente en PNL y presentaremos este concepto y práctica más adelante en el libro.

Con estos conceptos básicos, le mostraremos cómo cambiar toda su vida al tocar el subconsciente con la programación de silencio y la utilización del lenguaje. Aquí hay algunos ejercicios para que se sienta cómodo con los diferentes conceptos y se acostumbre a monitorear tu programa sobre la marcha.

Ejercicio introductorio: cambiar el contenido de las memorias

No podemos cambiar el pasado para usted, pero podemos mostrarle cómo alterar los efectos del mismo en este ejercicio. Esta es una de las principales potencias de PNL y puede sumergirse directamente para ponerle en marcha con los cambios que puede usar.

Descubrí que una buena forma de instituir estos cambios es hacer eso conscientemente a cierta hora todos los días y luego de que haya transcurrido un cierto tiempo, se convierten en un hábito en el que pueda confiar.

Ejercicio 0

1)   Configure su cronometro a 90 segundos

2)   Obtenga un pedazo de papel y divídalo en tres columnas y etiquételo de la siguiente manera

i)   Primera columna - Persona

ii)   Segunda columna - Sentimiento

iii)   Tercera Columa - Acción

3)   Cuando esté listo, inicie el cronómetro y escriba tantas personas que conozca que se le ocurran, independientemente de cómo le hagan

sentir esas personas. Listarlos usando solo su primer nombre en la primera columna. Haga esto en un estilo de disparo rápido y no se detenga en una sola persona o en la memoria asociada a ellos.

4) Al final del cronómetro, deténgase; no llene más recuerdos. Este ejercicio es sensible al tiempo.

5) Déjelo a un lado y siga con su día. No mirará esta lista por el resto del día (o noche).

Ejercicio 0a

6) Al día siguiente regrese a la lista y comience a completar la segunda columna.

7) Para cada nombre en la primera columna anote cómo lo hace sentir en la columna Sentimiento.

8) Usa solo una palabra para describir sus sentimientos. Bueno, malo, enojado, triste, decepcionado, etc.

9) Cuando haya terminado, póngalo a un lado y no lo mire hasta el día siguiente.

Ejercicio 0b

10) Al tercer día, use un resaltador para marcar las palabras debajo del encabezado Sentimientos.

11) Marque las palabras que son negativas. Por ejemplo, digamos que la palabra de Memoria en la Columna 1 es 'Tom', y la palabra Sentimiento en la

Columna 2 es 'enojado'. Si considera que 'enojado' es una palabra negativa, resáltelo con su resaltador.

12) Cuando termine, deje eso de lado también. Regrese al día siguiente.

Ejercicio 0c

13) En el cuarto día, es hora de armarlo todo y llevarlo a casa.

14) Tome los nombres de las personas que asocia con sentimientos negativos y cambie tres cosas sobre usted frente a ellos. Las tres cosas que cambie deben provenir de tres categorías de entradas sensoriales diferentes. Una para la vista, una para el sonido y otra para el tacto. Por ejemplo, si Tom le hizo enojar, piense en si mismo como un Minotauro (vista) que tenía brazos como rocas (sentir) y que gruñía ruidosamente (sonido) hasta el punto de encogerse y marchitar a Tom hasta que se convirtió en este ratoncito tembloroso. sus patas... o algo así. La idea es convertirte en algo más grande, más grande y más poderoso y alterar a su némesis en algo menos significativo, venciéndolo fácilmente en un enfrentamiento mental.

15) Haga esto todos los días durante siete a catorce días sin pensar una sola vez en él (en lugar de pensar mal de él), pero siempre pensando en usted más fuerte y más poderoso.

Hacer este ejercicio es hacer que vea cuán poderosos son sus pensamientos acerca de sus sentidos y cómo puede alterar las cosas que sucedieron en el pasado.

Haga una lista corta de recuerdos, independientemente de lo que estén usando, solo una palabra para describirlos. Use un cronometro y configúrelo.

***

Capítulo 1 Desarrollos en Neurociencia

En las últimas tres décadas, hemos hecho avances significativos en los campos de la neurociencia y la psicología, lo que nos permite un mejor conocimiento, comprensión y conocimiento del cerebro, la mente y la psique de la especie humana y de los organismos vivos en general. Lo interesante de estos avances es que no son solo un descubrimiento esotérico que nos impacta desde la distancia. No. Los avances han sido significativos, inmediatos y continúan impactando directamente cada faceta de nuestra vida cotidiana.

Con los avances en neurociencia, hemos descubierto que disciplinas aislantes del cerebro solo nos llevan tan lejos, y luego golpeamos una pared de ladrillos. También sabemos instintivamente que hay más en el cerebro que solo ser un centro de control de las funciones corporales internas. También es una herramienta para comunicarse y conectarse con los objetos que ocupan el entorno que nos rodea.

Imagine un vaso de agua. En esta agua, agregamos dos pigmentos de color: rojo y azul. Inicialmente, los ve en tres capas distintas, la roja, la azul y la clara. Con el tiempo, las moléculas de estos pigmentos se difunden a través del agua y eventualmente se pasa de tres tonos distintos a un púrpura homogéneo suspendido en una matriz de agua.

Lo que el proceso de difusión hace a esos pigmentos, nuestro cerebro lo hace por ayudarnos a asimilar la esencia y la información de nuestro entorno, nos ayuda a mezclar, aprender, asumir otras prácticas y homogeneizar nuestra individualidad. Así es como crecemos como individuos, y cómo avanzamos como especie.

No podemos verlo visualmente, pero lo que sabemos que son pensamientos y recuerdos intangibles son en realidad las conexiones físicas que se realizan en el cerebro. El cerebro, y lo que sucede dentro de él, es una yuxtaposición de lo que es tangible en naturaleza con lo intangible: mírelo de esta manera, sostener su pluma en su mano es tangible. Pensar y visualizar ese mismo bolígrafo es intangible. Hay otro giro en esto. Lo que acabamos de determinar como un pensamiento intangible, memoria o visión, en realidad es causado por un fenómeno mental físico, por lo tanto tangible. Este fenómeno es la construcción de vías neuronales. Cuando se forma una memoria, independientemente de su origen, estos hilos se construyen. Cuanto más estamos expuestos a esta experiencia, más fuerte se vuelve este fragmento, a veces creando más de un camino neuronal para el mismo resultado.

Por lo tanto, el siguiente paso en la verdadera comprensión se logra combinando disciplinas y observando cómo la mente, el cerebro, la conciencia y el universo funcionan todos de manera holística. La neuropsicología es una combinación de disciplinas en la que observamos la estructura del cerebro y la naturaleza de la mente que se construye sobre ella. Pero eso es teórico, y tan importante como lo es en el gran esquema de las cosas, lo que fluye de él es más importante, y eso es lo que subyace en el núcleo de nuestra tesis en este libro: Neuroplasticidad.

La yuxtaposición de la neurociencia y la psicología es de profundo interés, ya que tiene el potencial de catapultar a nuestra especie hacia adelante a ritmos que ni siquiera podemos imaginar y aún no hemos visto. Esta área de neuroplasticidad que no está exactamente en sus etapas iniciales es práctica, funcional y orientada a resultados.

Consideramos que la neuroplasticidad es el foco tanto de la ciencia dura de la neurociencia como de la ciencia suave de la psicología, porque una influye en la otra, y viceversa. Puede hacer que las neuronas influyan en la psicología y la forma en que piensa y actúa, y puede tener la forma en que piensa y actúa influye en las vías neuronales. Así es como se construye nuestra especie: imitando. Cuando imitamos un cierto acto, eso construye un camino neuronal y lentamente, en poco tiempo, el acto que una vez imitamos se convierte en el nuestro.

La neuroplasticidad proviene de la combinación de dos palabras, neuro y plasticidad. Neuro es algo que podemos deducir con bastante facilidad y saber que tiene algo que ver con el cerebro, pero la plasticidad no es algo que nos encontremos muy a menudo. Lo que significa es la maleabilidad y la flexibilidad, como se sentiría y se vería algo hecho de plástico, pero lo que es más importante, se comportaría así.

Esencialmente, la neuroplasticidad es el estudio de cómo el cerebro cambia físicamente durante la vida para adaptarse a las circunstancias que enfrenta. El cambio puede ser estructural: la recuperación de un accidente cerebrovascular, por ejemplo; el cambio puede ser ambiental: exposición al aumento de monóxido de carbono; o puede ser de un entorno ideológico y valores culturales. El cerebro físico cambia constantemente según las fuerzas a las que está sometido, como el plástico, por lo tanto, la referencia a la plasticidad. La capacidad del cerebro para responder a las lesiones, los estímulos y otros parámetros ya no son meras teorías, son pruebas verificables.

Ha habido un número cada vez mayor de casos en los que los pacientes que sufrieron un accidente cerebrovascular de leve a severo pudieron rehabilitar su afección y volver a una movilidad bípeda erguida y ambidiestra debido a que nuestro cerebro puede encontrar vías neurales alternativas para lograr la conexión entre el comando y ejecución.

Menciono esto para que aquellos de ustedes que piensan que son quienes son, y ese cambio es lo que le hacen a su ropa y cabello, lleguen a ver que incluso en los casos extremos de apoplejías y lesiones, el cerebro puede cambiar. Cuando usa PNL y lo usa incluso cuando es nuevo en sus principios, lentamente puede ver cómo se hacen efectivos sus cambios. PNL ha demostrado de manera concluyente que se puede enseñar nuevos trucos a perros viejos.

El cerebro orgánico

El hecho de que el cerebro es maleable ya no está en disputa. Usar este hecho para rehabilitar lesiones, mejorar la funcionalidad, avanzar en el alcance y posiblemente superar los límites de lo que sabemos, ya no es una ilusión, sino una realidad innegable. Esa es la dirección que tomaremos con este libro. Todavía no nos estamos enfocando en los usos médicos o de rehabilitación de PNL, sino que estamos buscando usarlo para formar la base de crear una vida que su mente consciente desea, ya sea éxito, riqueza, salud, felicidad o simplemente paz relajada.

Quiero traerle la PNL de una manera que pueda usarla en su vida diaria y mejorar cualquier área que necesite, ya sea en la escuela, amigos, trabajo, matrimonio o donde sea. Confío en que pueda reunirlo lo suficiente como para que los pequeños cambios que haga con la PNL generen grandes cambios en su felicidad. He visto a la NLP trabajar en una amplia gama de situaciones y en la vida de todo lo que toca y cuanto más lo veo en el trabajo todos los días, más quiero mostrarle la posibilidad de que pueda modificar, ajustar y dar forma a su mente, su pasado y su futuro Este es el poder de los dioses porque cuando cambias la forma de la mente, esencialmente cambiar su destino.

Factores

Usted nace en este mundo con un cierto conjunto de atributos, desde la geografía de su nacimiento hasta las fortunas geopolíticas de su sociedad. Incluso está sujeto a condiciones ambientales y presiones ideológicas que te moldean para ser quien es, pero todas esas son meras fuerzas, externas a su ser interno.

Debe comprender que es el resultado de la suma de las fuerzas que actúan sobre si desde el exterior y la suma de las fuerzas que reaccionan a ese ambiente desde adentro. Ideología mezclada, creencias y percepción, y obtiene los ingredientes de una vida que es sufrimiento, indiferente o subóptima, pero la vida puede ser más que eso. Puede ser felicidad y paz, dependiendo de cómo controle su algoritmo de percepción, y puede hacerlo usando PNL. Si reflexiona sobre sus actos y observa las consecuencias, entonces comenzamos a comprender la forma que comienza a tomar la psique de un hombre. En el centro de esas fuerzas están el cerebro y la mente humana.

El tiempo es una dimensión que debe tener en cuenta durante todo esto. Esas vías neuronales que se forman en su cabeza, con cada experiencia que encuentre, se pueden determinar como una función del tiempo. Si un estímulo particular se repite constantemente, eso causa una formación de memoria más fuerte. Esas vías se hacen más fuertes y duran más. Cuando los estímulos cesan, las vías se atrofian con el tiempo, igual que los músculos cuando no los utilizas. Con el tiempo, ese camino neuronal se vuelve inconsecuente, algo que llamamos 'olvidar'.

Una filosofía algo más profunda

Tres elementos están en juego en nuestra existencia: vacío, sustancia y tiempo. Los tres están representados dentro del cerebro y sus procesos, y estos son los que moldean el cerebro en lo que es en un punto único en el tiempo. Este es esencialmente el campo de la neuropsicología y la base de la PNL.

Una forma de avanzar en el esfuerzo para comprender el funcionamiento de la psique y la forma en que funciona la PNL, necesitamos ver cómo funciona el cerebro y cómo es la base de la mente, y cómo la mente se convierte en la base de la psique.

Lo físico se funde en lo intangible de una manera que nos dificulta mirar siempre solo una cosa y no a la otra. El camino que toma este libro está diseñado para abrazar suavemente los contornos del paisaje e introducir los hechos del cerebro, la mente y las acciones que fluyen de forma funcional, y cómo todo funciona al revés. Por lo tanto, es importante que comprendamos cómo funciona el cerebro desde una perspectiva celular y desde una nocional.

Ejercicio del Capítulo uno – Reencuadre

La capacidad de replantear no se trata de negar lo que está sucediendo en su vida. No está cambiando lo que sucedió, sino cómo ve lo que sucedió. Los fundadores de PNL han dejado de utilizar activamente este proceso y procedimiento, pero sigue siendo una forma muy válida de hacer las cosas, y especialmente si lo hace para usted mismo, funciona bien. Se necesita algo de práctica y cuando lo hace con la suficiente frecuencia, el tiempo suficiente, descubre que es una excelente manera de reflexionar. Después de todo, le está consultando a sí mismo y no hay mejor persona que lo conozca mejor que usted mismo.

El ejercicio en el Capítulo introductorio fue una versión simple del replanteamiento; este lo lleva un paso más. El ejercicio está diseñado para revelarle cosas sobre usted. El primero es que el encuadre se puede aplicar a casi todo lo que encuentre, todo lo que perciba y todo lo que sucede. Una de las mejores películas que he visto, "La vida es bella" de Roberto Benigni, es exactamente de lo que se trata la reformulación. Si no lo ha visto, o ha pasado un tiempo desde que la vio, debe incluirlo para la noche de cine de esta semana. Alerta de Spoilers: Benigni interpreta a un padre y un bibliotecario en un campo nazi donde protege a su hijo al darle interpretaciones alternativas de lo que sucede a su alrededor en un campo de internamiento. En esencia, reformuló uno de los eventos más horrendos de la historia para que su hijo no mostrara las cicatrices del evento.

De eso se trata la reencuadre.

Ejercicio 1

Encuentre una instancia en su vida reciente en la que alguien le haya dicho algo que realmente lo haya lastimado. Mire hacia atrás a ese momento, y lo que va a hacer es replantear toda la cadena de eventos que llevaron al punto donde se infligió el daño verbal.

Una vez que encuentre esa cadena de eventos, regrese a un punto en esa cadena y observe las cosas que hizo. Confíe en mí, probablemente haya muchos. Mire las cosas que puede controlar y mire la escalada que ocurrió. Ahora encuentre un punto en alguna parte de las primeras etapas de esa cadena y revierta cómo reaccionó a algo. Reformule esa instancia y vea cómo la otra persona habría respondido lógicamente.

Solo una de dos cosas puede resultar.

O se da cuenta de que, si no contribuye, las cosas no habrían avanzado hasta el punto del dolor. O se da cuenta de que no importa lo que haya hecho, esa persona le habría infligido ese dolor, en cuyo caso, la persona no vale la emoción que ha invertido en ella y, por lo tanto, no significa nada para usted.

En el momento en que replantee el problema, ya sea para detener el control de todo lo que ocurrió o redefinir cuánto significa esa persona para usted, el daño final que se inflige se evapora.

Una vez que tenga el truco del reencuadre, podrá hacerlo a casi cualquier cosa que experimente.

Capítulo 2 Génesis, apoptosis y plasticidad

La neuroplasticidad es un área relativamente nueva en el campo de la neurociencia y es una premisa clave en PNL. Se basa en la observación, como su nombre lo indica, de que hay plasticidad en las neuronas que componen el cerebro. La neuroplasticidad no debe confundirse con la neurogénesis, que se trata del nacimiento de nuevas neuronas. (Todo lo que use la palabra 'Neuro' probablemente esté relacionado con el cerebro, y Génesis tiene que ver con el comienzo, eso debería ayudarlo a diferenciar los términos)

Intente pensar en el cerebro en términos tan simples como sea posible. El material aquí no está destinado para que se convierta en un neurocirujano. Usted solo está aquí para comprender cómo funciona la mente, de modo que pueda usarla para avanzar en su propósito y logros.

Para comprender la neuroplasticidad, sería una buena idea entender la neurogénesis aquí y luego exponer los hechos y la ciencia sobre la primera. También es una buena idea entender neuroapoptosis y comprender las etapas y la duración de la vida de la neurona.

Al comprender el ciclo de vida, desde el nacimiento hasta la muerte, el proceso de las células cerebrales, podemos apreciar el poder y las vulnerabilidades del cerebro y la mente que dependen de él. También podemos apreciar el aspecto regenerativo de la muerte celular. Si las células viejas no mueren, las células nuevas no pueden reemplazar las dañadas. Qué diseño tan brillante

Si bien la neurogénesis es posible y su existencia ahora es verificable, es necesario un gran esfuerzo y un proceso repetitivo de aprendizaje y terapia para que una persona que ha perdido su capacidad para caminar o hablar después de un accidente cerebrovascular isquémico tenga que soportarla.

Neurogénesis

Como su nombre lo indica, Génesis se refiere al nacimiento de algo nuevo. En este caso, es el nacimiento de nuevas células neuronales. Se ha observado en investigaciones recientes que existe una célula madre especial que es responsable del nacimiento de nuevas neuronas y que ocurre en una parte especial del cerebro. La regeneración de nuevas células neuronales es un proceso de por vida, y en el caso de un nuevo aprendizaje, se forman nuevas células en una parte del cerebro y luego se mueven a la ubicación donde se necesita.

En cierto modo, la neurogénesis es un subconjunto de la neuroplasticidad desde la perspectiva de, y solo desde la perspectiva de, la adaptación después de la lesión cuando se ejerce de cierta manera.

En la neurogénesis, el cerebro responde a los estímulos cuando se le solicita aprendiendo una nueva habilidad o repitiendo una nueva habilidad, y forma una nueva neurona que luego se mueve desde su lugar de nacimiento, que está en la corteza frontal, hasta el lugar donde está necesario. Como tal, en el caso de que una víctima de un accidente cerebrovascular tenga daño en el área del cerebro que se preocupa por caminar, suponiendo que no hay otro daño en la extremidad afectada y la capacidad de equilibrar, el proceso de neurogénesis crea nuevas neuronas y las mueve neuronas al lugar del cerebro que es apropiado para la capacidad de caminar.

Si la persona es vieja, entonces el proceso lleva un tiempo significativamente mayor y la recuperación tarda en formarse, e incluso después de que lo hace, la habilidad de volver a aprender a caminar no es tan suave o estable como la habilidad previa al golpe.

Las nuevas neuronas nacen donde se encuentran las células de los tallos neuronales. En un ser humano adulto, eso sucede en la corteza frontal. Una vez que nace la célula, debe instalarse en el lugar donde se necesita. Como tal, necesita viajar a ese lugar.

Hay dos métodos que el proceso de neurogénesis utiliza para migrar la célula recién acuñada a su ubicación. El primero es el uso de señales químicas. Se ejecutan con la ayuda de Moléculas de Adherencia que se encuentran en la neurona nueva y en las neuronas antiguas, de modo que cuando se unen, se mueven a lo largo de la antigua neurona hasta que llegan al lugar donde deben estar. El segundo método es similar al primero, excepto que esta vez se adhieren a la glía radial, en lugar de las neuronas mismas, y viajan a su destino. A diferencia de las hipótesis anteriores, las neuronas no se fabrican en el lugar, lo cual es una de las razones por las que toma tiempo aprender nuevas habilidades. Cuando aprende, siempre es una buena estrategia dejar que los conocimientos recién aprendidos reposen por un tiempo antes de intentar usarlos.

Es interesante observar que solo una de cada tres neuronas llega a su destino. Otras se extravían, y aún así, otras experimentan apoptosis prematura. Las neuronas extraviadas causan más estragos en el cerebro ya que se han estudiado y se ha descubierto que son la causa de la esquizofrenia en algunos adultos y la epilepsia en niños. La dislexia también es un efecto secundario común de las neuronas extraviadas.

Expandiendo en donde la neurona fue pensada para ser colocada, llevarán diferentes funciones. Hay más de un tipo de neurona. De hecho, hay tres. Está la neurona motora, la neurona sensorial o una interneurona.

Las neuronas motoras son responsables de llevar impulsos desde el cerebro a través de la columna vertebral hasta el grupo muscular en cuestión. La neurona sensorial hace exactamente lo contrario, lleva información sensorial de las extremidades y sensores al cerebro para su procesamiento.

Neuroapoptosis

La neuroapoptosis es la muerte de las células neuronales en el cerebro y/o la columna vertebral. A diferencia de las otras células en el resto del cuerpo, que tienen vidas relativamente cortas que van desde unos pocos días en el revestimiento del estómago hasta dos semanas con las células de la piel y 120 días para las células sanguíneas; las células neuronales duran casi toda la vida. La mayor parte de las células se producen en el útero antes del parto y luego un poco más después del nacimiento. Entonces, la muerte celular suele ser en el momento en que el cuerpo muere. Esto es en circunstancias normales.

Sin embargo, la neuroapoptosis también puede ocurrir bajo la influencia del alcohol, la asfixia y las lesiones cerebrales, como hemos mencionado. Lo que hay que notar en este momento no es cómo mueren las células, sino cómo se reemplazan. A diferencia de la mayoría de las otras células, las células cerebrales no se reemplazan cuando mueren. Solo nacen cuando se necesitan nuevas células para realizar nuevas tareas. Si se tiene en cuenta este hecho, debería empezar a darse cuenta de que el cuerpo humano, la mente humana y, por lo tanto, la condición humana tiene un diseño que lo hace adaptable e ilimitado en su capacidad. Como Hamlet dijo: "¡Qué obra tan importante es un hombre! ¡Qué noble en razón, qué infinito en facultad! ¡En forma y conmovedor, qué expreso y admirable! En acción, ¡cómo un ángel! ¡En aprensión cómo un dios! ¡La belleza del mundo! ¡El modelo de los animales! Y, sin embargo, para mí, ¿qué es esta quintaesencia de polvo?

Cuán cierto, y con un poco de comprensión del cerebro, podemos ver por qué

PNL y Neuroplasticidad

La neurogénesis y neuroapoptosis se refieren a las células cerebrales y su comienzo, pero la neuroplasticidad se trata de cómo las neuronas se comportan en el logro de su propósito durante su vida. Cada neurona está conectada a entre mil y diez mil neuronas más, y hay alrededor de 100 mil millones de neuronas en total. Esa cantidad se mantiene bastante constante a lo largo de la vida de una persona a menos que se tomen ciertos pasos durante la etapa de desarrollo fetal. Desde hace mucho tiempo se sabe que tocar composiciones de Mozart para un feto en el útero tiene este efecto. Para la mayoría de los niños en un estudio no científico que se llevó a cabo donde se tocó música durante los nueve meses completos de su embarazo, se observó (no científicamente) que los niños expuestos a la música clásica (no solo los compuestos por Mozart) tuvo un efecto definido. Diez años más tarde, se observó que el mismo grupo de niños había avanzado más en lo académico y el compromiso social que los sujetos de estudio que no estaban expuestos a la estimulación y la música prenatal.

Una sola neurona no es de mucha utilidad en comparación con esa neurona que se conecta a miles de otras neuronas. Su punto de contacto se llama sinapsis.

Si piensa en el cerebro, es un objeto físico, aunque biológico. Está compuesto de tejido vivo, que está formado por no menos de dos tipos diferentes de células cerebrales y se alimenta con oxígeno y nutrientes. Lo especial de las células cerebrales es que son de naturaleza conductiva y transmiten información electroquímicamente. Las dendritas llevan información a la célula, que viaja por el axón y sale por los terminales del axón.

Una neurona en aislamiento solo tiene un uso: contiene un fragmento de información aislado. Esto se supera cuando la neurona se conecta con otra neurona que tiene otra información. De esta misma manera, cada neurona se conecta a miles de otras neuronas, pero esa conexión no es física. Hay una brecha. Esto es ingenioso en realidad. Si la conexión fuera perfecta, la información fluiría por todos lados, y desde una perspectiva práctica, eso significaría que mucha de la información colisionaría físicamente entre sí y se volvería incoherente y, por lo tanto, inútil.

En cambio, hay un espacio entre las neuronas, específicamente entre las sinapsis. Esta brecha actúa como un límite entre una neurona y la siguiente, y en esa brecha, los neurotransmisores se utilizan para ir de una neurona a la siguiente.

Cuando un impulso eléctrico se mueve desde el Soma a través del Axón y hasta el final, se activa la liberación de vesículas que contienen los neurotransmisores. Estos neurotransmisores luego abandonan el término del axón y saltan la brecha en la neurona adjunta. Esa neurona podría ser unida por la dendrita, el axón o el término de otra neurona. Dependiendo de donde una neurona esté unida a otra, da lugar a un término específico: sinapsis axodendrítica, sinapsis axoaxónica y sinapsis axosomática. Obviamente, los primeros términos son donde el término del axón se adjunta a las dendritas, el segundo se adjunta al axón y el último es donde se adjunta al soma.

Lo que nos llevamos

Lo que debe sacar de todo esto es que PNL se basa en la ciencia sólida y la comprensión verificable de la neuropsicología. Los ejercicios reales que realiza al final de este capítulo y todos los demás capítulos son simples, sin embargo, tendrán un impacto sobre cómo piensa y cómo reacciona a las cosas que le suceden. El momento en que esto es más difícil de ejecutar es frente al dolor, pero incluso el dolor es un concepto que puede cambiar. Si adquiere el hábito de mirar videos de entrenamiento en YouTube, notará, aparte de los cuerpos cincelados en exhibición, que tienen una definición de dolor muy diferente a la suya. Han redefinido el dolor, aunque sea dolor físico.

***

Ejercicio del Capítulo Dos - Renacimiento de siete días

Ejercicio 2

Este es un ejercicio muy simple. Quiero que haga una lista de cosas que le gustaría cambiar de sí mismo. Estos son quizás pequeños hábitos: comenzaremos de a poco y trabajaremos hacia arriba. Por ejemplo, si tiene un problema de gasto, no quiero que cambie su hábito de gastos de la noche a la mañana, pero lo que quiero que haga es obtener un pequeño libro, y en él, quiero que escriba cada uno centavo que gasta, cuando lo gasta. Si tiene un problema con la blasfemia, quiero que anote cuándo y dónde, y con quién estaba cuando dijo los insultos. Tiene que hacerse allí mismo cuando sucede. Saque ese librito y el bolígrafo y anote cualquier hábito del que quiera deshacerse cada vez que lo haga es simplemente una manifestación física de ser responsable de sus acciones.

Eso es todo lo que quiero que haga, y quiero que lo haga durante siete días seguidos, CADA vez que sucede. No abordemos cosas como fumar o el alcohol, recuerde PASOS PEQUEÑOS. Si lo olvida, quiero que comience de nuevo y lo haga durante siete días. Incluso si está en la tarde del sexto día y lo rompe, debe comenzar de nuevo.

Eso es. Eso es todo lo que tienes que hacer.

***

Capítulo 3 Poder Mental

Debería ser obvio por ahora que para cualquiera de las cosas de las que hemos hablado hasta este punto, sería discutible si la neurona específica o el grupo de neuronas no estuvieran funcionando o efectivamente muertos. Es posible tener miles de neuronas en el espacio de un frijol rojo ya que cada neurona puede medir entre 4 y 100 micras. Estas neuronas reciben un suministro abundante de oxígeno y nutrientes porque las actividades de las neuronas consumen una energía tremenda. En caso de que haya una lesión y el área afectada consista en partes de cientos de neuronas, el cuerpo debería encontrar una forma de repararla.

Hay dos formas de repararlo: uno directo y el otro indirecto. En el método indirecto, cualquier habilidad o memoria que se pierda con la muerte de ese grupo de neuronas se puede volver a aprender, y en ese caso es posible que, con un esfuerzo significativo gastado, el cerebro cree nuevas neuronas y las envíe a esta área. Pero esto no es un reemplazo directo. La nueva neurona iría al área de la antigua neurona, pero no tendría las mismas conexiones que tenía la antigua neurona. La nueva neurona tendría que inventar las conexiones que tenía la antigua neurona y eso requeriría mucho esfuerzo y tiempo, pero lo importante es que se puede hacer.

El segundo método utiliza neuroplasticidad. En caso de daños menores o en el caso de una degradación menor, el cerebro, en lugar de crear nuevas neuronas, hace uso de la anterior simplemente formando nuevas conexiones en diferentes lugares. Si hubiera cuatro neuronas, por ejemplo, A, B, C y D. Y en este ejemplo, A se conecta con B, que se conecta con C. D no está conectado a nada aquí, sino a otras neuronas y es una réplica de B. En el caso de que B se vuelva defectuosa o muera, entonces el quid de la neuroplasticidad sería que A y C ahora forman nuevas conexiones sinápticas con D.

También es posible que las neuronas enteras no se dañen. La única parte que sí se daña es quizás una dendrita o dos y posiblemente uno de los terminales del axón. En este caso, es posible perder una conexión con otra neurona y, por lo tanto, no se forman dendritas para establecer una nueva conexión. Esta es una forma de neuroplasticidad.

El objetivo de la neuroplasticidad es poder mantener intactos los pensamientos y las funciones en el cerebro en el caso de dos cosas. Uno, en caso de que haya daño en la neurona; y segundo, en el caso, desea cambiar un hábito arraigado y anular algo que ya ha aprendido. Una buena forma de hacerlo es borrar conexiones pasadas y crear conexiones nuevas. Este es el punto central de la neuroplasticidad, y ahora usted ve cómo puede cambiar los viejos hábitos, como el que estaba ejercitando en el ejercicio del último capítulo.

Pero el primer paso para cualquier cambio de hábito es reconocer significativamente, dos aspectos del hábito. El primero es reconocer que es un hábito del que desea ser libre. Hizo eso en el momento en que anoto el hábito que quiere soltar.

El segundo es reconocer cada vez que se inició el hábito. Lo hizo cada vez que anoto el hábito cuando lo actuaba. Reconocer un hábito hace que su cerebro se dé cuenta (en lugar de simplemente saber) de que está haciendo algo que no debería hacer. También se da cuenta de qué neuronas necesita para borrar y crear nuevas neuronas para eludir las neuronas que causan el hábito. No se preocupes por la parte técnica, solo haga el ejercicio. Al final de este capítulo, revisará el resultado del ejercicio anterior y podrá hacer algo al respecto.

La característica más poderosa del cerebro

El objetivo de este libro sobre PNL es mostrarte la ciencia y la práctica de cómo puede cambiar su suerte en la vida. Usted tiene el poder y la responsabilidad de cambiar, pero puede ser difícil. Lo entiendo. He estado allí, y todavía estoy. La única vez que no estamos 'allí' es cuando somos perfectos, y puedo decirles que ninguno de nosotros es perfecto.

Hemos recorrido varias disciplinas para llegar a este punto específico: cómo cambiar su cerebro para que pueda convertirse en una persona nueva; una persona mejor que la que era ayer y significativamente mejor que la que era de año, o incluso una mejor que hace una década. Pero dentro de PNL hay esperanza, porque si puede cambiar quién es hoy y hacerse progresivamente mejor de lo que era ayer, puede ser mejor de lo que es hoy cuando llegue el mañana.

Cuando comprenda la neuroplasticidad, la neuropsicología y los aspectos prácticos de la PNL, lo que debería ser evidente, y lo que debe sorprenderle, es que puede ser quien quiera porque todo lo que se reduce a las conexiones de las sinapsis y la cadena de enlaces de neuronas. Y debido a la nueva ciencia de la neuroplasticidad, ahora somos capaces de determinar de manera concluyente que es completamente posible cambiar quiénes somos de los pensamientos a la mentalidad a comportamientos y acciones. Todos los cuales están literalmente anclados en las cadenas de las neuronas y le gustan las conexiones sinápticas.

Todos los procesos físicos que vimos arriba son reales. La adición clave a esta imagen que debemos tener en cuenta es que la mayoría de nuestras acciones se inician mediante un proceso subconsciente y se convierten en deseo consciente. Si ya lo quiere, pero no lo tiene, o no lo ha hecho, no importa. A veces, simplemente reconocer lo que quiere le lleva a la mitad del camino.

Cuando pide ayuda, reza por orientación, desea salud, simplemente está reconociendo conscientemente lo que su subconsciente ya ha pensado que tiene que suceder.

Sin embargo, nosotros, como seres conscientes, también queremos opinar sobre en qué queremos llegar y cómo queremos ser. Todavía hay algunos aspectos del presente que el subconsciente no puede manejar por sí solo debido a sus vínculos de larga data con las fuerzas históricas y evolutivas.

Por ejemplo, una de esas fuerzas arcaicas es la respuesta de lucha, huida o congelación. Ya no somos cazados por animales cuya vista es impulsada principalmente por el movimiento. Durante los tiempos que estuvimos, la respuesta de congelación sería de ayuda para ayudarnos a escondernos de la detección visual y para atraer la atención del depredador. También podríamos ser muertos. A los depredadores no les gustan las presas muertas, así que siguen adelante. Pero ya no enfrentamos esa situación más. Entonces, la respuesta de lucha, huida y congelación no necesita el aspecto de congelación, y ahí es donde entra el cerebro consciente y nos dice que no debemos congelarnos, y este deseo de no hacerlo lentamente cambia nuestro cerebro en el proceso. acabamos de aprender a llamar neuroplasticidad.

Resulta que podemos controlar esta neuroplasticidad. Todo lo que necesitamos es la conciencia de la posibilidad y la voluntad de repetir los pasos necesarios para hacerlo. En el capítulo de Ejercicio, estableceremos los pasos que debe seguir para elegir lo que desea cambiar en su vida y luego conseguiremos que su cerebro esté en el modo que promueve la neuroplasticidad. Tomará de 8 semanas para comenzar a ver la diferencia en su vida.

***

Ejercicio del Capítulo Tres - Cambie lo que necesita cambiar

Vemos que la capacidad más importante y más poderosa del cerebro es poder cambiar de una manera que le permita la movilidad para adaptarse, pero que le da el ancla para acostumbrarse. Solo necesita tener la sabiduría para poder aplicar la habilidad correcta a la tarea correcta.

Ha creado hábitos debido a un sistema de castigo y recompensas en su fisiología. Cuando tiene el hábito de hacer algo y el desencadenante crea la necesidad de que el hábito tome el control, su cuerpo aplica la vara en forma de incomodidad. Cuando realiza el acto, la incomodidad cesa y en cambio es recompensado. Eso, no solo asegura que realiza el acto, sino que lo fortalece para que se ponga en línea más rápido la próxima vez. Puede usar eso para su ventaja consciente. Este ejercicio le mostrará cómo.

Ejercicio 3

Desentierre el libro en el que enumeró todas las cosas que quería cambiar desde el último ejercicio. Repase y vea cómo lo hizo y con qué frecuencia lo hizo. Deje que se hunda y pregúntese por qué lo hace y qué ganancia real obtiene de él. ¿Parece que hay alguna lógica? Si tiene lógica, ¿qué es? ¿Cómo se beneficia? Si no es así, ¿por qué lo hace? Su hábito, ¿no?

Para cambiar el hábito, todo lo que necesita hacer es decidir que ya no lo necesita en su vida y el ejercicio que debe realizar es encontrar un hábito completamente opuesto para reemplazarlo. Un buen ejercicio sería reemplazar la blasfemia con una palabra similar que sea inocua. Cuando hace eso, obtiene la recompensa de decir la palabra donde el sonido está lo suficientemente cerca como para que obtengas la recompensa del hábito, pero no obtiene el demérito de su personaje.

Entonces, por ejemplo, si sigue usando la palabra "mie*da", la cambia a "madres". Si le gusta la palabra "Ching**os", cámbiela a "Changuitos". Pasito a pasito, recuerde.

Haga esto por siete días. Sin falta, si se resbala, reinicie el reloj.

***

Capítulo 4 Pasos hacia su nueva vida

No puede simplemente saltar y comenzar a jugar con las conexiones neuronales y las sinapsis en su cerebro. Si lo hace de esta manera, es probable que no tenga ningún éxito, y de hecho, incluso puede estar dañando lo que ya tiene. Al igual que con cualquier cosa, lo primero que debe hacer es comprender el asombroso poder que está en sus manos con lo que está a punto de hacer aquí. Lo segundo es que tiene que crear la fuerza de voluntad para hacer los pasos que debe hacer para llegar a donde quiere ir y a quién quiere llegar a ser.

El tercero es que necesita creer que lo que está por embarcarse tiene un beneficio significativo para usted, más que lo que tiene ahora. La única cosa en la que su subconsciente es bueno es calcular las proporciones de costo a beneficio, y sabe que si está a punto de embarcarse en algo menos valioso comparado con lo que ya tiene, encontrará que su subconsciente intenta sabotearlo internamente. Es una de las razones por las que muchas personas fracasan en tratar de elevarse a sí mismas, porque no creen en lo que están haciendo y no tienen los datos para demostrarlo a ellos mismos. La moneda entre su consciente y su subconsciente es deseo y creencia. Si tienes cantidades suficientes de ellas, su subconsciente estará a bordo.

Con estos tres elementos en nuestro entendimiento, es hora de diseñar los pasos que debe realizar para convertirse en una persona nueva: alguien que usted elija ser.

Reflexión

Tu primer paso es una reflexión sincera y profunda. Esto es lo que hace para cambiar las neuronas en su cabeza trabajando en las cosas que le importan. Si es del tipo intelectual, entonces necesita pensarlo a fondo. Si es del tipo físico, entonces necesita alterar sus pensamientos haciendo algo físico para cambiar la forma en que su mente actuaría en un área en particular: los viejos en casa solían llamar a este tipo de actos para alterar los caminos, los rituales. No soy una persona para palabrería, pero no hay tonterías en la realización de rituales para alterar la mente, y le sorprenderá lo bien que funciona para cambiar las cosas.

Cuando hace una reflexión profunda, está sondeando su conciencia y usando la lógica para descifrar su subconsciente. Cuando quiere cambiar lo que encuentra y actúa de acuerdo con eso, sus neuronas que representan lo que desea cambiar, comienzan a alterarse. Sus conexiones cambian, y muy pronto algo toma su lugar. La identificación de las neuronas, las vías que forman esas neuronas y el conjunto de redes que apuntan al área que desea cambiar pueden ser reemplazadas por las neuronas que representan su deseo. Es como pedir un deseo y soplar una vela. El deseo es silencioso y el soplar de la vela es la acción. Juntos, el ritual le da lo que quiere. No sé ustedes, pero recuerdo haber obtenido todas las cosas que deseaba. Claro, tenía que trabajar para eso, pero no estaba engañado de que apareciera de la nada.

Por supuesto, no sabrá dónde están esas neuronas y cómo se ven. Su cerebro se encarga de eso por usted. Todo lo que tiene que hacer es pensar en las áreas de su vida que necesita cambiar y las áreas de su vida que está mirando que necesitan mejorarse.

En los dos últimos ejercicios de reconocimiento de hábito, lo enfocó en dos pasos. ¿Puede adivinar qué paso es más importante que el otro? Sí, la parte en la que se tomo el tiempo para estar consciente de su hábito o cosa que quería cambiar es el elemento más importante de los dos. En esa semana de escribir constantemente, lo que hiciste fue tomar conciencia a nivel cerebral, y la mente se miró a sí misma y dijo: "Ok, ahora sé a dónde ir para que eso cambie"

PNL y Reflexión

La reflexión no requiere ninguna habilidad especial, excepto la honestidad y la capacidad de rastrear sus pasos de las cosas de las que ha sido responsable al lote en la vida que experimenta actualmente. El primer personaje de una persona que tendrá éxito en la reflexión es la persona que será brutalmente honesta consigo misma y una persona que asumirá la responsabilidad de todas las cosas que le suceden y las causas de esas cosas. Verá, sin asumir la responsabilidad de algo, no podrá controlarlo en el futuro, y si no controla ese elemento en el futuro, no podrá cambiar su destino en la vida.

En el momento en que comienza con la reflexión y comienza a decirse a sí mismo que, a partir de hoy, asumirá la responsabilidad de sus acciones, ya habría iniciado los cambios en las vías neuronales que rigen su visión de la vida y la suerte.

Después de decirse repetidas veces esto, descubrirás que comenzará a ser su realidad y podrá profundizar en su reflexión para encontrar las áreas que necesita identificar y que le darán la vida que está buscando.

Si cree que quiere un nuevo BMW. Sabes qué, probablemente pueda conseguirlo si se involucras en esto, pero ¿por qué querría parar en algo tan mundano e inconsecuente? ¿Cree que Steve Jobs deseó haber comprado un Mercedes nuevo?

No, él quería ser el instrumento que cambió el mundo, y sus caminos evolucionaron y cambió el mundo, el Mercedes descapotable que eventualmente compró fue secundario.

En el proceso de reflexión, el primer paso es entender lo que quiere. El segundo paso es descubrir qué parte de sí mismo le impide llegar allí. Eso le ayudará a encontrar dónde está en este momento. En esencia, intenta trazar un mapa que muestra dónde se encuentra y hacia dónde desea ir. Esto, y el deseo de asumir la responsabilidad de su vida, comenzará a hacer que el proceso de neuroplasticidad trabaje a su favor. El deseo y la creencia, como dijimos, son las dos cosas que necesita para ponerse en el juego.

Preguntando

Su segundo paso es el proceso de preguntar. Cuando pregunta, y pregunta repetidamente, su subconsciente comienza la fuerza de tomar todas las cosas que sabe, ya sea que se de cuenta o no, y comienza a trazar un camino hacia donde necesita estar. Pedir es una herramienta poderosa y nunca debe descartar el hecho de preguntar. Si es demasiado tímido para preguntar, es una señal segura de que o siente que no lo merece, o es demasiado arrogante para pedirlo. Ambas características le harán tropezar y le confundirán con su capacidad para alterar las neuronas que le colocarán en el marco del logro. Cuando pregunta, también ayuda pedir que se convierta en la persona que puede lograr lo que está buscando, no solo pidiendo lo que quiere.

Meditación

El último paso en su proceso de neuroplasticidad es meditar. La meditación ha demostrado que coloca su cerebro en un estado tan perfecto en las frecuencias que necesita, que la neuroplasticidad se promueve agresivamente en varios estados de meditación. Dormir hace lo mismo si lo hace bien. En la mayoría de los programas de PNL, la meditación no ha sido destacada. Pero hay algunos programas fuertes de PNL que consideran una variedad de meditación muy específica para avanzar en los cambios en la capacidad cognitiva y en la alteración del carácter.

De la misma manera que la meditación puede ser de ayuda, el sueño enfocado puede hacer lo mismo. Pero tendrá que hacerlo de cierta manera, diferente de lo que normalmente está acostumbrado. En primer lugar, debe cansarse con un alto nivel de trabajo en el día. Esto significa que usted hace ejercicio y obtiene los neurotransmisores necesarios en su sistema. Con un entrenamiento vigoroso, conseguirá que su cuerpo libere las hormonas correctas que promoverán el sueño profundo.

Antes de dormir, realice su reflexión, sus preguntas y su meditación. Asegúrese de mantener su meditación enfocada y no en blanco. Hay dos tipos de meditación. Una es mantener su mente en blanco y dejar que su subconsciente se haga cargo.

El otro tipo de meditación es aumentar la capacidad consciente de su cerebro y concéntrese intensamente en una sola cosa, en este caso, concéntrese en lo que está pidiendo. No fantasee.

Cuando desee, crea, pregunte y medite, establecerá los elementos necesarios para que su cerebro cambie la forma en que es para convertirse en lo que debe ser para darle lo que desea. Ningún otro método puede afectar cambios más rápidos y duraderos que seguir estos tres simples pasos.

Pero hay un impedimento para esto de lo que la mayoría de la gente no está enterada. Si en el proceso de reflexionar y preguntar, si está confundido sobre lo que quiere, su cerebro no va a permitir ningún cambio en sus vías existentes. Es la forma en que la naturaleza nos protege de fantasías fugaces y transitorias. Tiene que pedir algo que realmente quiere y es un cambio a largo plazo lo que está haciendo. Si desea cambios a corto plazo, debe considerar cambiar sus hábitos, pero si desea cambios a largo plazo, y eso significaría que desea cambiar la forma en que ve el éxito, o la forma en que trabaja, o la forma en que adquiere conocimiento, entonces ataca a su cerebro con las herramientas que ha aprendido aquí.

Es importante que entienda cómo funciona su mente y cómo funciona la neuroplasticidad con las diferentes partes de sus procesos mentales. Puede ver cambios discernibles después de practicar consistentemente los tres pasos anteriores en el transcurso de al menos ocho semanas.

Este no ha sido un curso de neurociencia o psicología. Más bien ha sido un libro que te muestra la racionalización de un proceso simple que le ayudará a determinar el curso del resto de su vida.

Necesita comprender los aspectos básicos del funcionamiento del cerebro para poder absorber el mar de datos y columnas de comentarios que explican todo, desde los aspectos básicos de la neurogénesis hasta la neuroplasticidad, y poder analizar lo que es plausible de lo que es la litera.

Pero si quiere dejar de lado toda la jerga científica y profundizar en la inteligencia procesable que está contenida entre las líneas de este libro, entonces necesita enfocarse solo en tres cosas.

Primero, debe ser capaz de reflexionar honestamente y sin interrupción. La reflexión, a pesar de que parece estar dirigida sin rumbo en la industria metafísica de hoy en día, tiene una parte muy poderosa de la evolución humana y la historia de nuestro desarrollo. No hay duda de que cada uno de nosotros trata de ser mejor en una cosa u otra. Eso también sería cierto en su caso, de lo contrario, ¿por qué estaría aquí dentro de estas líneas?

Si no puede ver por qué la reflexión es importante para el crecimiento de su yo psicológico y su ganancia material en este mundo, piense en la analogía del mapa. Si no tiene idea de dónde está, podría darle el mapa tridimensional más detallado y la ubicación del tesoro más valioso del mundo, y no tendría manera de llegar a él si no supiera dónde está. Eso es exactamente lo que hace la reflexión.

Busque alertar a su conciencia de las cosas que su subconsciente ya sabe. Pero debe alertar a su mente consciente porque es su mente consciente la que está tomando la decisión de ir en busca de ese tesoro. En su caso, el tesoro es la cosa más poderosa conocida por el hombre, y esa es la capacidad de obtener lo que realmente desea.

Para tener éxito y alcanzar lo que desea su corazón, debe tener una cierta mentalidad que le permita realizar todos los movimientos correctos en respuesta a cada situación y estímulo. Cómo reacciona ante algo es tan importante como la forma en que actúa en ausencia de estímulos externos. Este patrón de reacción, y esta forma de pensar de las respuestas, están claramente trazadas en sus caminos neuronales.

Pero no todo lo que se mapea es algo que hizo o que quiso. A veces fueron las fuerzas del medio ambiente las que le obligaron a reaccionar de cierta manera, y esa reacción se apoderó de cómo hace las cosas. Pero después de reflexionar, se da cuenta de que debe cambiarse. O, de otra manera, podría haber estado involucrado en una experiencia horrible que cambió la forma en que ve las cosas o la forma en que responde a las cosas y que, también, es una función de las vías neurológicas que se desarrollaron. Para deshacerse de esas cadenas, debe saber que esas vías pueden modificarse o incluso borrarse, con el tiempo y el esfuerzo suficientes. Debido a que el cerebro está diseñado para evolucionar y hacer frente, tiene un proceso de neuroplasticidad y le permite alterar los ecos del pasado para que pueda determinar el ritmo de su futuro.

Para cambiar su vida, tiene que quererla. El cerebro responde al deseo y la creencia. Si desea algo, significa que lo que desea ya es suyo, solo tiene que esforzarse para conseguirlo, y una de las primeras cosas que debe hacer es tener la mentalidad de que puede hacer todo lo que sea necesario. Conseguir hacerlo.

Cuando lo desee, las vías de su cerebro comienzan a alterarse hasta el punto de que necesita ponerse a una distancia sorprendente de lo que necesita. Una vez que reflexione y comience a comprender sus fortalezas y debilidades, podrá frenar su debilidad y fortalecer su fuerza desde una perspectiva neurológica.

Una vez que ha reflexionado, entonces el proceso de pedir repetidamente lo que desea y desea continuar fortaleciendo esas neuronas y las conexiones que necesita hacer. Cada camino se fortalece y cada camino se refuerza con neuronas redundantes para garantizar que, en el caso de una lesión, se quede con un camino neurológico alternativo a su objetivo. Descubrirá que las cosas más importantes para usted no son fáciles de olvidar, pero las cosas que no, si son fáciles de olvidar.

Si dibujara una analogía para crear sus sueños y forjar una espada, los primeros dos pasos para reflexionar y preguntar serían como los pasos para dar forma al acero y martillarlo. Cuando realmente quiera fortalecer esa espada, todavía tienes que dar un paso más, debe calentarla en el horno. Debe someterlo a una fuerza que lo junte y lo lance de una manera inquebrantable e irrompible.

Esto es lo que hace la meditación. Se ha demostrado reiteradamente que la meditación altera y vuelve a dibujar las líneas de los caminos y le lleva al punto de renovarse de quién era a quien quiere ser. Estar en un estado constante de meditación es una gran manera de agudizar su enfoque y operar a un nivel altamente efectivo y eficiente.

***

Ejercicio del Capítulo Cuatro - Asociación y Deseo

El objetivo del Capítulo 4 era familiarizarlo con las formas en que su mente puede comprender mejor su subconsciente y cómo su mente (la parte consciente de ella) puede comunicarse efectivamente con su mente subconsciente más poderosa. Para comprender la dinámica de las dos partes de su mente, piense en ellas como las ruedas que dan vueltas y vueltas. La metáfora es limitada, pero cumple su propósito aquí. El subconsciente es similar a las ruedas que dan vuelta. Es donde está el poder. La mente consciente es similar a las ruedas que dirigen, le da dirección. Juntos llegan a donde quieren ir de una manera eficiente.

Para este capítulo, queremos tratar de conectar lo consciente y lo subconsciente para que sea más eficiente a de donde quiere ir. Para poder hacer esto, necesitará entender cuáles son sus deseos y cómo se asocia con ellos.

Ejercicio 4

1) Use una hoja grande y divídala en tres columnas

a) La primera columna debe contener la etiqueta "Deseo"

b)   La segunda columna debe etiquetarse como "Motivo"

c)   La tercera columna debe etiquetarse "1 - 100"

2)   Haga una lista de todas las cosas que desea tener en su vida usando una palabra y colóquela en la primera columna. Regálese 60 segundos. Termine la columna uno antes de pasar a la columna dos.

3)   En la segunda columna, escriba la razón por la que quiere esa cosa en su vida. Por ejemplo, si desea un Ferrari, y lo coloca en la primera columna, escriba qué significa ese Ferrari para usted. Complete la primera columna de arriba a abajo antes de hacer la segunda. Por ejemplo, en mi lista, tengo el Lightning LS218 como algo que deseo tener. Es un deseo mío. El LS218, para aquellos que no lo saben, es una Super bicicleta, pero no se trata simplemente de una super biicleta, esta supera las 200 mph y está impulsada exclusivamente por electricidad. Bajo la columna de "razón", escribí, sin darme cuenta, "diferente". Aparentemente para mí, después de una reflexión más profunda, me doy cuenta de que siempre he sido alguien fuera de la norma de los gustos. La bicicleta eléctrica es diferente, y no es algo ampliamente aceptado. El deseo de esa bicicleta fue una pista para ayudarme a entender cuáles eran mis verdaderos deseos. La bicicleta solo representa el deseo, pero si puede encontrar la razón detrás de ese deseo; puede

satisfacerlo mejor que solo un producto que puede desaparecer poco después. Sus deseos son pistas.

Capítulo 5 Enfoque y observación

Permanecer en el momento requiere la disciplina para no distraerse. La disciplina para permanecer en el momento proviene de una decisión simple que luego se practica y refuerza repetidamente.

El cerebro

El cerebro es un órgano increíble. Si lo piensa, el cerebro puede formar el nexo entre el mundo físico y el incorpóreo. Los científicos, que han llegado tan lejos en la comprensión del cerebro, admiten que todavía hay mucho que no pueden explicar. Estudios recientes del profesor Roger Penrose, colega del profesor Stephen Hawking, incluso han llevado a cabo experimentos para concluir que algunas partes del cerebro operan en mecánica cuántica, lo que significa que, dentro de este débil cuerpo nuestro, sentado dentro de un cerebro delicado, hay un dispositivo que puede comunicarse a niveles cuánticos.

No es necesario decir que usamos una porción muy pequeña de nuestro cerebro para llevar a cabo tareas relativamente mundanas de hablar, caminar, comer e incluso buscar alimento. Por supuesto, esas tareas nos mantienen con vida, y por más mundanas que sean, son una lista necesaria que debe ser atendida, pero nuestro cerebro es capaz de mucho más. Es nuestra mente que puede ponerse en el camino.

Lo afortunado es que podemos literalmente cambiar nuestra mente porque la mente está construida sobre las facultades del cerebro. El cerebro es el objeto físico que tiene características físicas. Tiene tejido, vasos, neuronas y sinapsis. Está limitado por las condiciones físicas del cuerpo. Se ve afectado por lo que come y lo que respira - consideraciones físicas.

La mente

La mente, por otro lado, es incorpórea. No puede encontrarlo físicamente, pero invade todo su cerebro y se ve afectado por las disposiciones genéticas a través del cerebro. Después de la concepción, mientras está en el útero, el cerebro comienza a tomar forma, y poco después, la mente comienza su asamblea.

El cerebro y la mente se unen para unir el aspecto fenoménico de nuestro universo y el aspecto noumenal de nuestra existencia. Debido a esto, se vuelve complicado cuando queremos explicar el concepto de observación y el enfoque de una manera real. La mayoría de las explicaciones son de naturaleza superficial y solo sirven al uso genérico, pero queremos abordar la verdad del asunto y exponer el verdadero problema de la observación y el enfoque, y lo que encontrarás es que está relacionado con ser consciente y vivir en él. el momento presente.

El enfoque y la observación son dos cosas muy diferentes. Cada uno requiere que el cerebro se manifieste, sin embargo, son parte de los parámetros definidos por la mente. Para probar ese enfoque, un acto intangible se basa en el cerebro tangible, observe la relación entre ciertos medicamentos que pueden alterar o mejorar las funciones del cerebro y luego ser observados visualmente en las acciones de la persona. Incluso el alcohol tiene ese efecto.

Enfoque y observación

Decir que nos enfocamos en un evento significa que abrimos un canal para ese evento y asimilamos todo lo que tiene para ofrecer. Imagine un conducto físico que sea impermeable a la filtración externa. En esa condición, el flujo del objeto a la mente es absoluto sin distracciones. Ese es el enfoque absoluto. La mente y el objeto se vuelven uno en virtud de este conducto. Sin embargo, desde un punto de vista funcional, la mente nunca se dejará enfocar al 100% en un objeto hasta el punto en que la mente se adhiere al objeto. Esto se debe a que el centro del miedo del cerebro impedirá que el cerebro se cierre a las posibles alertas entrantes. Imagine que se encuentra en una situación en la que tiene un enfoque total, lo que significa que está completamente apegado a algo. Si ocurriera algo emergente durante esa sesión, no podría extraerse y asistir a ese evento emergente. Nada absoluto nunca es bueno, incluso cuando se trata de un enfoque absoluto.

El centro del miedo del cerebro siempre está alerta para eventos que podrían causar daño; lo único que difiere de una persona a la siguiente es el nivel y la intensidad del enfoque.

También puede pensar en el enfoque y la observación (que son dos cosas muy diferentes) en los siguientes términos. Vimos anteriormente cómo analizamos el enfoque conectando un conducto de la persona al objeto. Cuanto más permeable sea el conducto, menos enfocada estará la persona en el evento. Debido a que la permeabilidad sugiere que otras cosas externas al conducto pueden penetrar el flujo en el conducto, cuando utiliza esta analogía, la observación es la descripción cualitativa de la cantidad de datos que recibe el receptor. Una persona que está más enfocada puede observar más que una persona que está menos enfocada.

La mente tiene un componente que la convierte en una de las herramientas más fuertes que tiene cualquier animal vivo, tenemos el poder de imaginar, que es el poder de inventar cosas que no existen. Pero este poder a veces puede funcionar en contra de nosotros. Trabaja contra nosotros llenando las lagunas de lo que no hemos observado completamente. En algunos casos, llamamos a esta suposición, pero esto, es más. Cuando la mente no capta por completo un evento que está observando, rellena los espacios en blanco con suposiciones basadas en la experiencia. La observación final es inexacta. Ceteris paribus, cuanto menor sea el nivel de concentración, menor será el nivel real de captura de información, lo que dará como resultado un nivel más alto de suposición y un menor nivel de precisión.

Lo contrario también es cierto. Cuanto mejor sea el enfoque de la persona, mayor será la integridad del conducto que une el evento y el observador, y mayor será la transmisión de datos. Esto hace que la observación sea más precisa. En otras palabras, cuanto más uno se enfoca, más se observa, y cuanto más cerca y más rápido se acerca a la verdad.

Una de las formas de hacer que esto funcione para usted es aplicar conscientemente técnicas de PNL para comprender y cambiar áreas de su pensamiento para poder vencer el miedo y la resistencia.

El punto de la PNL del que nadie habla realmente es porque se está convirtiendo en una gran industria. La mayoría de ustedes realmente no necesitan un entrenador, y si lo hace, es probable que sea hacia las cosas más avanzadas. No siempre necesita un entrenador para lograr las cosas que tiene en su cabeza. Esto no es psicoterapia. La verdadera razón por la que necesita entrenadores es porque parecen hacer las preguntas correctas. Lo único que debe hacer es hacerse las preguntas correctas y encontrará que las respuestas lo esperan.

Ejercicio del Capítulo Cinco: uniéndolo todo

Su capacidad para organizar su vida y obtener lo que quiere de ella, ya sea paz en el hogar, amigos en el trabajo o incluso la promoción, no depende de nadie en este mundo. No depende de sus padres ni del barrio en el que nació. No depende de su pueblo o de los amigos que conoce. No depende de su cónyuge o hijos. Depende solo de usted por un simple hecho, y esa es la lista de filtros que aplica a todo lo que toca sus cinco sentidos.

Tiene una gran comprensión del cerebro, la mente y la capacidad de cambiar todo lo que necesite. Lo único que debe entender ahora es el secreto para cambiar las cosas para que pueda mejorar sus habilidades.

Aquí hay cinco principios que debe recordar y aplicar a su vida diaria:

1)   Puede cambiar cualquier cosa con suficiente esfuerzo y repetición.

2)   Todos los grandes cambios vienen en cambios incrementales en los que te enfocas en un momento a la vez.

3)   Y Puede cambiar cualquier cosa en el universo si estás dispuesto y es capaz de alterar su percepción y reacción.

4)   Cómo asocia algo a sus creencias básicas determinará cómo tiene éxito.

5)   Las palabras que usa en sus conversaciones diarias influirán en la trayectoria de su vida.

Ejercicio 5

1)   Haga una lista de todas las cosas que quiere lograr. Esta lista debe estar en una hoja con tres columnas. Las tres columnas están etiquetadas de la siguiente manera:

a)   Logro

b)   Motivo

c)   Importancia (1 – 100)

2)   Ponga un reloj para el ejercicio y haga la lista en 20 segundos.

3)   Coloque todas las cosas que desea lograr en la primera columna y escriba todas las que desee.

4)   Luego, vaya a la columna dos y use una palabra para describir el motivo por el que desea lograrlo.

5) Cuando haya terminado con la segunda columna, vaya a la tercera columna y puntúela con un número del 1 al 100. 100 es el estado que más le preocupa.

Una vez que haya hecho esto, puede dejar esta lista a un lado y reflexionar sobre lo que significa todo esto. Cuando hace esto en fuego rápido, podrá desenterrar lo que realmente siente y podrá usar la lógica de su mente para meditar y reflexionar sobre ello. Una vez que tenga esta lista, dóblela y guárdela en su bolsillo, y vuelva a mirarla cada vez que pueda y haga los ajustes que considere necesarios. Pero lo único que desea hacer es conocer los contenidos.

Ejercicio 6

1) Mire los deseos que obtuvo el más bajo y enfrente el primero.

2) Dibuje un mapa que lo lleve desde donde está ahora hasta donde logrará ese logro.

3) Desglose los pasos que necesita para llegar desde donde se encuentra hasta donde desea estar. Asegúrese de que sean pasos incrementales. Nunca intente saltar sobre cualquier cosa que pueda hacer en pequeños pasos.

Ejercicio 7

1) Regrese a la lista que hizo en el Ejercicio 5.

2) Mire todos los pasos que describió para llegar a donde quiere llegar y observe qué parte de usted está bloqueando el logro de ese pequeño paso. Encuentre la "neurona" dentro de usted que está tropezando con el esfuerzo en el pasado y encuentre una manera de construir una neurona a su alrededor. Lo hace por asociación y por reemplazo. Si tiene que hacer un ritual para eso, vaya por ello. Sea lo que sea, identifique el paso ofensivo y evite el problema.

3) Legitimice sus miedos para cada pequeño paso y disminuya esos miedos con acción y comprensión.

4) Ponga el esfuerzo y obtenga la dirección. Gire su mente subconsciente y gire su mente consciente hacia sus objetivos al alinearlos y unificar su propósito.

5) Finalmente, elimine todas las palabras, asociaciones y conceptos negativos de sus listas y vocabulario. Si no puede hacer algo, y no puede cambiarse para trabajar hacia ese algo, cambie ese algo y busque la razón por la que fue detrás de él en primer lugar y encuentre un sustituto que satisfaga la razón.

***

Conclusión

La Programación Neuro Lingüística es un programa muy exitoso porque resuena con una amplia gama de patrones de pensamiento y comportamiento. Sin duda, tendrá un impacto en usted. Hasta qué punto ese impacto es, depende de qué tan lejos lo persiga y cuán receptivo sea a 'solo otro programa de autoayuda'.

Déjeme decirle que este es un programa muy simple en las primeras etapas y puede ser desalentador, especialmente para algunos de nosotros que estamos realmente conectados de manera diferente y descubrimos que psycholocura no es real. Esa es la razón principal por la que incluí la ciencia detrás del cerebro. La evidencia de los hechos científicos del cerebro, la neuroplasticidad y cómo es quién es usted, es incontrovertible.

Sus creencias son algo de lo que no se da cuenta y debe tomarse el tiempo para evaluarlas. Puede que haya algo que le haga tropezar y que no comprenda del todo. Podría ser una cuestión simple y fácil de arreglar, pero como no se da cuenta, se está haciendo tropezar.

Tenía un amigo muy cercano que había pasado los últimos once años fracasando en cada negocio que tocaba. Era como el antiMidas. Su familia se había quedado a su lado y él era una joya de hombre. Todos los que fuimos amigos suyos sentimos el dolor y no supimos cómo ayudar. Vino a trabajar para mí en la primavera del 2015 y le confié un gran proyecto en el que estábamos trabajando. A los seis meses de haber comenzado a trabajar, él había delineado toda la transacción y estaba brillantemente hecho. Era realmente bueno en lo que hacía y eso lo hacía aún más intrigante por qué el fracaso parecía atormentarlo a cada paso.

Entonces lo presencié a color vivo.

La mañana de la negociación final, mientras estaba allí, él mató el trato. Los clientes se marcharon en poco tiempo y nadie de nuestro lado pudo darse cuenta de lo que estaba sucediendo. Dos semanas más tarde, lo llevé a un amigo que tiene una clínica de hipnosis y después de la tercera sesión en otros días, descubrimos de él, mientras estaba bajo, que él y su padre tuvieron una discusión seria hace años. Jason (no es su nombre real por razones obvias) amaba a su padre hasta el extremo, pero fue atrapado en una desafortunada serie de eventos que requirieron que se casara con su novia de la universidad. Terminó la universidad, pero su padre no quería que se casara con ella, sino que primero puso su carrera en el camino correcto. El día que tomó la decisión de casarse, su padre le dijo que sería un fracaso total para cuando su hijo cumpliera los cinco años.

Su hijo acababa de cumplir 16 años la semana anterior a la hipnosis, y calculamos que sus fallas en los últimos once años se remontan aproximadamente al momento en que su hijo cumplió cinco años.

¿Coincidencia? No lo creo.

Las palabras tienen significado. Más de lo que nos damos cuenta o nos gusta admitir.

Era obvio que su padre no lo decía literalmente, pero las palabras, el sonido y el lenguaje tienen una forma de penetrar en nuestra psique y movernos de maneras que realmente no lo entendemos. Lo que le sucedió a Jason no fue culpa de nadie. Jason pasó por terapia significativa de PNL y de hipnosis durante seis meses y se ha catapultado al éxito más allá de las palabras.

Todos somos como Jason en muchos sentidos. Nos bombardean con palabras, sonidos, interpretaciones y toda clase de distracciones disfrazadas de maneras que no reconocemos ni entendemos. Depende de nosotros hacer un seguimiento de lo que ha penetrado en nuestra psique y de lo que nos está afectando. Has dado el primer paso para hacer justamente eso. Felicitaciones. Confío en que encuentres lo que está buscando porque todo lo que tiene que hacer es comenzar, como ya lo ha hecho. Su cerebro resolverá el resto.

www.ingramcontent.com/pod-product-compliance
Lightning Source LLC
Chambersburg PA
CBHW020034120526
44588CB00030B/379